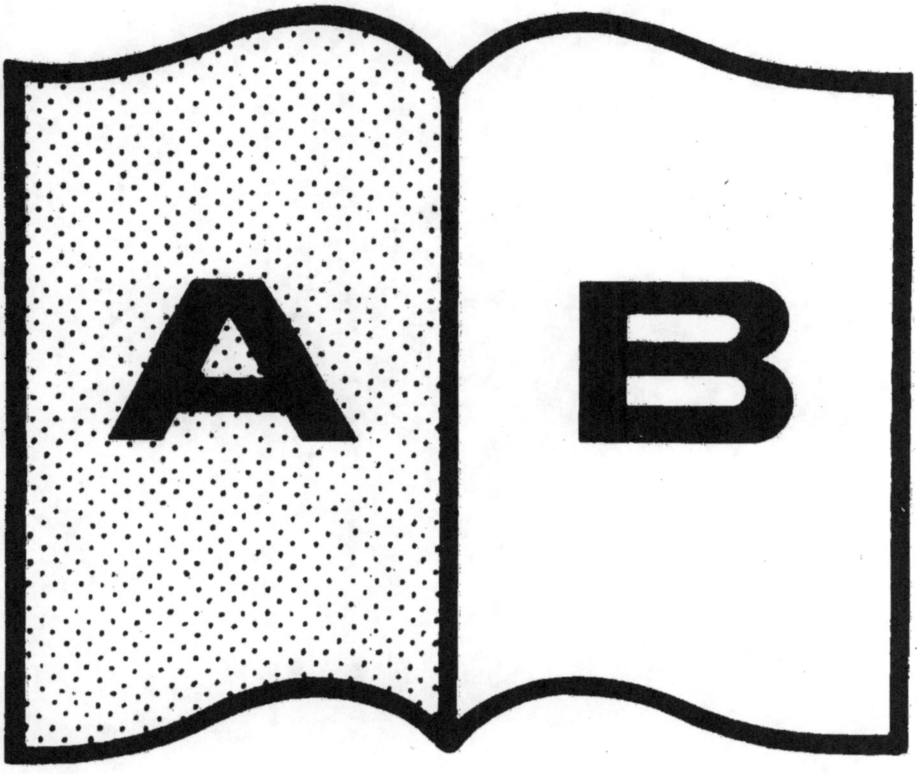

Contraste insuffisant

**NF Z 43**-120-14

# DE LA TRANSLATION

## DES CIMETIÈRES

## HORS DE PARIS,

*Avec le moyen de l'effectuer de façon à relever l'honneur de la sépulture, et à rendre ces établissemens une source abondante de secours pour les pauvres ou les malheureux.*

# INTRODUCTION.

On est aujourd'hui généralement d'accord que l'inhumation hors des temples et de l'enceinte des villes, n'intéresse aucunement la religion, et ne sauroit être regardée que comme un objet de police. Il ne faut pas en effet que les morts, par leur séjour au milieu des vivans, infectent leurs demeures et y entretiennent sans cesse le germe de toutes les maladies. Aussi les sépultures ont-elles été proscrites de tout temps dans les cités par les lois des peuples les plus policés (1), et n'est-ce que par abus qu'elles s'y sont introduites, ou parce que les cimetières qui étoient autrefois au-delà de leurs murs, se sont trouvés successivement compris dans leur agrandissement.

Cependant, quoique ce ne soit qu'un objet de police, je crois devoir observer que l'inhumation ayant été considérée comme une chose sacrée chez toutes les nations, et tenant par-là en quelque sorte à l'opinion publique, de même qu'au respect filial et à la vénération que les enfans, les parens ou les amis conservent pour la mémoire de leurs

---

(1) La loi des XII Tables, chez les Romains entr'autres, la défendoit expressément, *hominem mortuum in urbe ne sepelito, neve urito.* Cicer. de leg. lib. 2.

A 2

proches, de ceux qu'ils ont chéris durant leur vie, ou auxquels ils ont été tendrement attachés, il est de la plus grande importance de se garder de l'avilir ou de la dégrader; et peut-être même par politique, comme pouvant intéresser particulièrement l'ordre social, conviendroit-il d'augmenter les cérémonies des enterremens plutôt que de chercher à les diminuer. Il faut écarter l'idée que l'enveloppe de l'ame de ceux qui de leur vivant auront été précieux à la société, par l'estime qu'ils ont inspirée, par leurs vertus, par leurs talens, par les services rendus à la patrie, sera à la fin conduite comme à une voirie.

Dans la persuasion intime où je suis que l'inattention du Gouvernement à cet égard a plus influé qu'on ne pense sur la dépravation actuelle des mœurs, je croirois qu'au lieu de se borner simplement à vouloir purifier l'air de cette capitale par la translation de ses cimetières au dehors, il seroit à propos de saisir cette circonstance pour essayer de rappeler à leur source les vertus domestiques, en relevant l'honneur de la sépulture, de façon à allier celle-ci avec des œuvres pies qui devinssent à la fois une source abondante de secours pour les malheureux. C'est sur ce double point de vue, comme on va le voir, que j'ai conçu l'accomplissement de ce projet.

# DE LA TRANSLATION

## DES CIMETIÈRES

## HORS DE PARIS.

*De la manière de considérer Paris par rapport aux emplacemens de ses nouveaux cimetières, à leur nombre et à leur étendue.*

En jetant les yeux sur son plan général, dont j'ai représenté une esquisse vers le haut de la planche ci-jointe, on s'apercevra qu'il peut aisément se considérer comme divisé en quatre parties, savoir du levant au couchant par la Seine, et du midi *a* au nord *b* par la route d'Orléans, continuée par les rues d'Enfer, Saint-Jacques, le pont Notre-Dame, et par la rue Saint-Martin jusqu'à l'extrémité de son faubourg. Ainsi, d'après cette remarque, il semble que l'on pourroit fixer naturellement le nombre de ses arrondissemens à quatre, E, F, G, H, avec chacun un cimetière, A, B, C, D, commun au-delà de ses barrières.

Le cimetière A seroit placé vers le bout de la rue de Vaugirard, dans des terres labourables, et déboucheroit de-là par les boulevards, pour le transport des morts de sa conscription.

Le cimetière B seroit également bien situé : sa position

seroit vers la pointe du chemin de Vitry, encore dans des terres labourables, et pourroit, par les boulevards, desservir les dépôts de son arrondissement.

Le cimetière C se trouveroit hors de la barrière de la rue de Montreuil, dans des espèces de marais, et son char, en traversant le faubourg Saint-Antoine, iroit enlever les corps des entrepôts répartis dans ses différens quartiers.

Enfin le cimetière D n'éprouveroit aucune difficulté à être placé au-delà de la barrière de la rue de Clichy, dans un terrein occupé par des marais, et en arrivant aux boulevards, desserviroit les dépôts de son arrondissement, dont il sera particulièrement question par la suite.

Il s'agit maintenant d'examiner quelle devroit être l'étendue de ces cimetières, eu égard aux besoins de cette capitale. Il y meurt année commune à peu-près 19000 habitans : ainsi, en la supposant divisée en quatre arrondissemens à peu-près également peuplés, il y auroit environ 4750 corps à inhumer par an dans chacun. Comme la terre n'a qu'une certaine vertu corrosive, et comme il est notoire que la destruction totale d'un corps que l'on y dépose demande près de trois ans, il est évident que plus il y en aura de pressés l'un contre l'autre dans une même fosse, plus cette destruction doit être lente. D'après cela, il seroit donc essentiel d'éviter d'y insérer à la fois un trop grand nombre de morts, de même que d'ouvrir de nouvelles fosses à la place des anciennes avant trois années révolues, de crainte de paroître troubler leurs cendres. Que faudroit-il donc pour éviter cet inconvénient ? observer de donner à chacun des nouveaux cimetières une surface telle qu'en la parcourant successivement, on ne se trouvât pas dans le cas par la suite d'ouvrir de nouvelles fosses aux mêmes places avant quatre ou cinq ans.

Originairement ces cimetières étoient hors de Paris, et avoient beaucoup plus d'étendue que ne comportoient ses besoins, mais s'étant par son accroissement trouvés compris dans son enceinte, et étant à la longue en même temps devenus trop petits, eu égard à sa population, il s'est introduit l'abus de faire dans la plupart des fosses générales et immenses, comme aux Saints Innocents, à Clamard (1), et ailleurs, qu'on ne refermoit que deux ou trois fois dans le cours d'une année ; ou bien quand il y avoit six à sept cents morts ; mais indépendamment de l'horreur inséparable de l'idée de ces fosses prodigieuses, et de ce qu'un pêle-mêle aussi considérable avoit l'air d'une voirie et paroissoit avilir l'honneur de la sépulture, combien les exhalaisons infectes provenant d'une pareille masse de pourriture de cadavres aussi multipliés au milieu de Paris, n'étoientelles pas capables d'en vicier l'air et d'y perpétuer le germe de toutes les maladies et de la mort ?

C'est pourquoi, à dessein d'éviter le grand désagrément de ces fosses générales dans nos cimetières, et même comme il pourroit arriver que, quoique hors des barrières, leurs exhalaisons ne fussent encore quelquefois portées par les vents quand ils souffleroient vers cette capitale, je pense

---

(1) Cet abus cependant subsiste encore dans toute sa force à Clamard, faubourg Saint-Marceau ; on continue à y enterrer, dans des fosses communes immenses, des morts que l'on y transfère de tous les quartiers de cette capitale.

qu'il conviendroit de n'y admettre à tous égards que des fosses peu spacieuses, quoique communes; j'ai dit ci-devant qu'il y auroit à inhumer l'un dans l'autre dans chaque cimetière 4750 morts par an, ce qui feroit par jour environ treize corps. D'après cela, il ne faudroit y ouvrir que deux fosses par décade, et suffisante chacune pour recevoir à-peu-près soixante corps; alors, comme de pareilles fosses n'exigeroient guère que huit ou neuf toises superficielles de terrein, y compris même les espaces qu'il seroit bon de ménager entr'elles pour des sépultures particulières pendant ce temps, il est manifeste qu'un arpent, par son étendue, seroit plus que suffisant pour enterrer pendant le cours d'une année, le nombre des défunts de chaque arrondissement, et qu'en donnant à chaque cimetière quatre arpens et demi, y compris les emplacemens pour ses différens bâtimens, dont il va être question ci-après, il s'ensuit que dix-huit arpens de terrein suffiroient pour la totalité de nos cimetières, et qu'on ne se trouveroit pas obligé d'ouvrir de nouvelles fosses sur les anciennes avant l'entière dissolution des cadavres,

*De la distribution de chaque cimetière, fig.* 1, 2, 3 *et* 4.

Il y auroit de part et d'autre de son entrée, qui seroit précédée d'une avenue d'arbres, un petit corps-de-logis composé d'un rez-de-chaussée et d'un premier étage, bâtis en moëlons, avec des corps de refend en pierre aux encoignures, et deux cours d'assises dans le bas; celui à droite serviroit de logement pour un portier et pour un

agent

agent ou préposé de la police à son administration, avec
des bureaux. Celui à gauche auroit trois remises, pour des
chars ou chariots nécessaires au service du cimetière, savoir,
deux grands qui seroient employés soit alternativement,
soit ensemble, pour les transports de nuit des différens dépôts, et un autre plus petit en forme de corbillard, destiné
à la translation particulière des défunts pendant le jour, ou
le soir. Sur le devant de ces chars il y auroit une espèce
de cabriolet pour l'agent de la police. Attenant les remises
seroit une écurie pour huit chevaux, et au premier étage
diverses chambres pour les fossoyeurs, ainsi que pour les
employés au service des chars ou du cimetière, avec des
magasins à foin au-dessus.

Les murs des cimetières auroient quinze pieds de haut et
seroient bâtis en moëlons piqués, avec des chaînes de pierre
dures de distance en distance.

Trois de leurs faces seroient occupées par des portiques
ayant dix à onze pieds de largeur, bâtis en pierre tendre,
à l'exception des deux premières assises qui seroient en
pierre dure, couronnés en dehors par une corniche, et ter-
minés en dedans par une voûte légère en briques.

Sous toute leur longueur seroient construits des caveaux
en moëlons piqués apparens, avec des chaînes de pierre,
ayant des tombes en correspondance sous les portiques, qui
seroient élevées sur deux ou trois marches et fermées par
des grilles de sept à huit pieds de haut, avec des portes aussi
grillées. On descendroit dans ces caveaux par des escaliers
placés tant dans leurs angles qu'à leur extrémité.

Rien n'empêcheroit, si on le desiroit, de pratiquer de

*Cimetières.*                                                      B droite et de gauche, dans l'épaisseur des murs des caveaux, plusieurs rangs de cases de vingt pouces en carré sur six pieds de profondeur, à la manière des Catacombes des anciens, pour recevoir des cercueils ou bières, et dont on fermeroit l'ouverture de chaque case par une dale de pierre bien scellée, avec une inscription relative au temps, à l'âge et au rang de celui qui y seroit déposé : par-là ces caveaux deviendroient à la longue des espèces de tables généalogiques pour des familles.

Celles auxquelles ils appartiendroient, avec les parties de portiques en correspondance au-dessus, seroient encore libres de faire orner les murs de ceux-ci de tables de marbre avec des inscriptions, de médaillons, de bustes, d'obélisques, de figures ou de cénotaphes ; de sorte qu'il seroit possible que ces lieux devinssent par la suite très-curieux par l'importance des chefs-d'œuvre de sculpture qu'ils receleroient.

Au milieu du cimetière, il y auroit une grande salle du deuil, dont on voit les détails particuliers *fig.* 7, 8 et 9, ayant 36 pieds de long sur 24 de large, élevée sur un perron, et éclairée par le haut seulement, laquelle, au besoin, seroit tendue en noir, et destinée à recevoir la suite des convois, les parens et les invités qui voudroient assister à l'inhumation de leurs proches dans les caveaux, et rendre hommage à leurs cendres jusqu'à la fin. Son portail seroit bâti en pierre, de même que les deux premières assises dans tout son pourtour, et le reste le seroit en moëlons apparens. Qui empêcheroit en outre de faire en même-temps de cette salle du deuil un lieu de dépôt privilégié pour les corps du petit nombre de citoyens qui,

( 11 )

par leur mérite extraordinaire, leurs grands talens, ou les services signalés qu'ils auroient rendus à la patrie, seroient d'avance désignés par la voie publique pour mériter les honneurs du Panthéon, après le terme prescrit par le décret, conformément à notre constitution?

Je ne serois pas d'avis qu'il fallût admettre des plantations dans nos cimetières, tant à l'effet d'en ménager la surface, que parce que leur nourriture, en usant la terre, diminueroit de sa vertu corrosive nécessaire pour hâter la prompte consommation des corps. Il n'y a que dans des cimetières particuliers où, à raison de leur étendue, on puisse, à la bonne heure, se permettre des plantations d'arbres, de saules pleureurs, de cyprès, et de les orner d'objets propres à en faire en quelque sorte une espèce d'Elysée.

*Quel pourroit être l'objet de la dépense pour l'exécution d'un de ces cimetières ?*

J'ai fait un devis provisoire, afin de faire juger combien coûteroit l'entier accomplissement de sa bâtisse ; et par tous les détails où je suis entré, je me suis convaincu que l'acquisition du terrein, soit dans des terres labourables, soit dans des marais nécessaires pour l'ériger au-dehors des barrières, la construction des deux corps-de-logis à l'entrée, celle de la salle du deuil, et celle des murs pourtours, y compris les portiques et les caveaux adossés, le tout exécuté dans le simple, selon mes dessins et les conditions

décrites ci-devant, n'excéderoient pas la somme de 296000 l.
d'après le cours actuel des travaux ( 1 ).

Que si l'on s'avise maintenant de comparer la dépense
de cette entreprise avec le montant des sommes qu'il y
auroit tout lieu de se promettre de la vente des concessions particulières des caveaux avec leurs portiques cor-
respondans, à ceux qui en desireroient; concessions qui
comprendroient à-peu-près 500 toises superficielles de bâtisse, et qui, à raison de l'importance de l'objet, acquer-
roient de nécessité une grande valeur, laquelle, quoi-
qu'idéale, n'en seroit pas pour cela moins réelle, il sera
aisé de juger de la facilité que l'on trouveroit à accomplir
une pareille entreprise. Car dès qu'il n'y auroit plus de sépultures particulières dans Paris, est-ce que la plupart des gens
aisés ou riches, et des familles distinguées, ne s'empres-
seroient pas de s'en procurer au pourtour des cimetières
communs ? l'amour-propre et la vanité ne seroient-ils pas de
puissans véhicules pour donner de l'émulation à cet égard,
et pour faire desirer de n'être pas confondu, en pareil cas,
avec tout le monde ( 2 )?

---

( 1 ) On pourroit, à l'effet d'accélérer cette entreprise, et de diminuer d'a-
bord les avances pour sa construction, ne bâtir les caveaux et les portiques
environnans qu'à mesure qu'on en demanderoit.

( 2 ) Il y a environ vingt ans que l'on éleva, attenant l'église de Sainte
Marguerite, faubourg Saint-Antoine, une petite chapelle sépulcrale pour des
sépultures particulières, dont il fut fait des concessions à diverses familles de
cette paroisse, en trois mois de temps, pour près de quatre-vingt mille francs. Il
est à présumer qu'il n'y auroit pas moins d'empressement à l'égard des concessions de nos caveaux, ne fût-ce que pour être inhumé particulièrement,
avec ses parens ou ses amis.

En supposant donc que ces caveaux avec leurs portiques fussent par exemple estimés sur le taux des plus chers emplacemens de cette capitale, ou sur le pied à-peu-près de 1200 liv. la toise superficielle tout bâtis, cela feroit une somme de 600,000 liv. en totalité, c'est-à-dire, plus de 300,000 l. par chaque cimetière au-delà des dépenses nécessaires pour l'exécution d'un de ces établissemens, lequel excédent répété quatre fois, ou autant que de cimetières, produiroit des bénéfices très-considérables qu'il faudroit bien se garder d'abandonner à d'avides entrepreneurs, ou à des spéculations d'agiotage, mais qui seroient annoncés pour devoir être employés avec discrétion à des œuvres pies, et distribués, par exemple, à domicile, ou particulièrement à diverses familles honnêtes qui ont été victimes des circonstances actuelles.

## De la distribution des entrepôts dans les divers quartiers de Paris.

La translation des cimetières hors d'une ville ordinaire, ne sauroit éprouver de difficultés, parce que son peu d'étendue permet volontiers aux enterremens de conduire les défunts au-delà de leur enceinte ; mais il s'en faut bien que dans une cité immense telle que Paris, elle puisse éprouver la même facilité, parce que sa grandeur nécessite d'établir dans ses différens quartiers des entrepôts ou dépôts pour y rassembler journellement ses morts et les transférer ensemble, de nuit, hors de ses barrières, avec des chars.

L'idée que l'on peut se faire d'avance de la distribution

d'un de ces entrepôts est bien simple, il ne sauroit guère consister qu'en une grande salle isolée à rez-de-chaussée, précédée de quelques marches, bien aérée, avec de larges croisées dans le haut. Pour la facilité de son service, il seroit bon de le placer à l'encoignure de deux rues, et qu'attenant, il y eût un logement pour un gardien et un bureau avec une entrée particulière. Les *fig.* 10 et 11 rendent cette disposition sensible.

Le difficile seroit sans doute de trouver à propos, dans des quartiers souvent très-fréquentés et commerçans, des emplacemens commodes et vacans pour établir ces entrepôts, de sorte qu'ils ne pourroient guère avoir lieu qu'avec beaucoup de dépenses, et que par l'acquisition de quelques maisons; ce qui, eu égard aux circonstances actuelles, apporteroit de grands retards à l'accomplissement de notre projet, ou peut-être le feroit échouer, comme celui proposé par le parlement de Paris, sous l'ancien régime (1).

_______________

(1) En 1765 il parut un arrêt de cette cour souveraine pour supprimer les cimetières de son enceinte et proscrire en même temps l'inhumation dans les églises, avec cependant de nombreuses exceptions en faveur des curés et de ceux qui avoient déjà des sépultures dans des chapelles annexées à leurs familles, ou bien des riches qui voudroient payer 2000 fr.. Par cet arrêt, le nombre des cimetières devoit être fixé à huit, lesquels auroient desservi chacun un certain nombre de paroisses et ne comprenoient tous ensemble qu'environ sept arpens de terrein, tellement qu'à raison de leur peu d'étendue, on y autorisoit aussi des fosses communes qui n'auroient été refermées que trois fois par an. Ajoutez que par leurs emplacemens la plupart de ces cimetières se seroient trouvés encore compris dans les extrémités des faubourgs.

Dans cet arrêt étoient également désignés les emplacemens pour des entre-

( 15 )

Après avoir beaucoup réfléchi sur les moyens de sur-
monter cet obstacle, et de concilier à-la-fois l'économie
avec une prompte exécution, j'estime qu'il suffiroit pour
le présent, de se borner à des entrepôts provisoires aux
dépens de plusieurs des anciennes paroisses. Comme elles
ont volontiers quelques-unes de leurs faces isolées sur des
rues, il ne s'agiroit que d'autoriser à choisir dans la direc-
tion de ces rues, une ou deux chapelles qui leur sont
aujourd'hui, pour la plupart, inutiles, en observant d'in-
tercepter toute communication avec l'intérieur de l'église,
afin d'en faire un entrepôt avec une entrée particulière en
dehors. Ces entrepôts provisoires ne seroient pas à la vérité
aussi réguliers que celui dont j'ai donné l'idée ci-devant,
mais ils seroient suffisamment spacieux pour recevoir les

---

pôts dans le voisinage des paroisses où l'on auroit déposé les corps, pour être
transférés de-là, à l'aide d'un char, au cimetière commun. Chaque dépôt
devoit consister en un lieu fermé de murailles de six pieds de hauteur, avec
des barres de fer de quatre pieds de haut dans tout le pourtour ; le tout ter-
miné par une voûte ouverte dans son sommet, de sorte que la plupart des
paroisses auroient été obligées d'acquérir dans leur voisinage des terreins propres à former ces entrepôts, et cela souvent dans des quartiers très-fréquentés
et précieux pour le commerce. Combien ces entrepôts, vu leur disposition,
n'auroient-ils pas offert, à la plupart des maisons voisines, des spectacles de bières
ou de serpillières tout-à-fait désagréables par-dessus leurs basses murailles, à
travers leurs barreaux ! Aussi la difficulté de trouver des emplacemens propres
à ces entrepôts autrement qu'avec de grands frais, leur mauvaise distribution
et les désagrémens qu'ils auroient produits dans leurs quartiers ; joints au mé-
contentement que témoigna alors le public, de voir que ce ne seroit faire la
chose qu'à demi, en n'expulsant pas entièrement tous les nouveaux cimetières
hors des barrières, fit regarder cet arrêt de réglement du Parlement comme
non avenu : il fut presque aussitôt oublié que rendu.

convois avec leur suite, et y pratiquer un logement pour
un gardien avec un bureau, sans beaucoup de dépenses.
Enfin ils rempliroient, en attendant mieux et promptement,
le but en question : ajoutons qu'ils n'incommoderoient aucunement les maisons voisines, et que leur service s'opéreroit avec facilité, tant pour l'apport des morts durant le
jour, que pour leur transport dans les cimetières. Quant
aux objections que l'on pourroit faire à cause de leur adhé-
rence aux églises, elles ne sauroient mériter d'attention,
vû qu'encore un coup ces dépôts n'auroient expressément
aucune communication avec leur intérieur. Ce ne seroit
que par l'effet d'une pusillanimité mal entendue qu'on
auroit quelqu'égard à une pareille réclamation.

Il est aisé d'acquérir une idée de la position et distribution la plus avantageuse de chacun de ces entrepôts
dans les différens quartiers de Paris, par l'examen de son
plan routier.

Dans l'arrondissement E dépendant du cimetière A, cinq
dépôts pourroient suffire ; le premier, dans le voisinage
de la paroisse Saint - Sulpice ; le second, près le ci-
devant couvent des Jacobins, rue Saint-Dominique ; le
troisième, vers les Incurables ; le quatrième, près Saint-
Séverin, lequel desserviroit aussi la Cité ; et le cinquième,
attenant les Invalides, pour l'École militaire et le Gros-
Caillou.

Dans l'arrondissement F du cimetière B, il y en auroit
aussi cinq, le premier, vers Saint - Médard ; le second,
près Saint-Étienne-du-Mont ; le troisième, à Saint-Nicolas
du Chardonnet ; le quatrième, voisin de Saint-Jacques

du

du Haut-Pas; et le cinquième vers la Pitié, lequel desserviroit la Salpêtrière.

Dans l'arrondissement G du cimetière C, il y auroit sept
dépôts, le premier, aux Filles du Calvaire; le second,
près Saint-Nicolas-des-Champs; le troisième, aux Blanc-
Manteaux; le quatrième, à Saint-Gervais; le cinquième,
où étoit Saint-Paul; le sixième, à Saint-Laurent; et le
septième, près Sainte-Marguerite.

Enfin dans l'arrondissement H du cimetière D, il pourroit
y avoir six dépôts; le premier, attenant Saint-Roch; le
second, vers les Saints-Innocents; le troisième, près Saint-
Eustache; le quatrième, où étoient les filles Saint-Thomas;
le cinquième, près la Magdeleine; et le sixième à Saint-
Philippe-du-Roule. Au surplus, ces entrepôts pourroient être
changés, diminués ou augmentés au besoin, d'après les avis
des municipalités, que l'on consulteroit là-dessus. A dessein
de montrer la facilité que l'on trouveroit à adapter ces entrepôts à la plupart des églises en question, offrons-en quelques exemples.

A Saint-Sulpice, vers l'encoignure des rues Garancière
et des Aveugles, il y a un grand espace déjà environné de
murs, où il seroit très-possible de faire un entrepôt peu
dispendieux, lequel n'auroit rien de commun avec l'intérieur de cette paroisse.

A Saint-Severin, on remarque, attenant le long de cette
rue, un vaste magasin inutile d'équipages de marine, qui
est déjà un démembrement de cette église, et qu'on pourroit aisément s'approprier pour y distribuer un dépôt.

A Saint-Eustache, il n'y auroit qu'à prendre vers son

chevet, la chapelle de la Vierge, murer sa communication avec le dedans de cette paroisse, y faire une nouvelle entrée en dehors par la rue Montmartre, on obtiendroit ainsi un lieu fort spacieux pour une salle de dépôt, et aux dépens des charniers attenans, un logement pour le gardien avec son bureau.

A Saint-Gervais, en faisant l'entrée de l'entrepôt par une des portes à droite des bas-côtés du grand portail, au moyen d'un retranchement qui couperoit toute communication avec le bout de la nef vers cet endroit, on feroit, à l'aide d'une chapelle adjacente, un grand entrepôt avec un bureau et un logement au-dessus pour le gardien, débouchant par la rue attenante.

Par l'inspection du plan routier de Paris, on verra que ces divers entrepôts se trouveroient à-peu-près à 400 toises les uns des autres, de façon à embrasser, relativement à leurs enterremens les plus éloignés, à-peu-près 200 toises, et qu'ils se trouveroient à-la-fois distribués, de sorte que chaque char n'auroit guère qu'une lieue et demie au plus à parcourir par nuit dans son arrondissement. Au reste, pour éviter dans la plupart une trop longue tournée, 'on pourroit, au besoin, employer ensemble les deux grands chars de chaque cimetière.

Quant aux maisons voisines des barrières, leurs enterremens seroient obligés de conduire les décédés directement au cimetière commun.

Les frais de distribution de ces entrepôts provisoires étant peu considérables, pourroient être supportés par les maisons qui y auroient droit, par des sols additionnels à leurs impositions, ou bien être compris aussi dans les dépenses de la fabrique des cimetières (1).

*Aperçu de la manière dont s'opéreroit en général le cérémonial de l'inhumation dans les nouveaux cimetières.*

Après avoir déterminé le nombre des cimetières, leur position, leur étendue eu égard aux besoins de cette capitale, la dépense à faire pour leur exécution, les bénéfices considérables qui résulteroient des concessions des caveaux, et enfin la distribution des entrepôts dans chaque arrondissement, il est maintenant aisé de se former une idée de la façon dont s'opéreroit l'ensemble des cérémonies funèbres.

Dès que les parens assistés des témoins, auroient fait à leur municipalité la déclaration du décès d'un citoyen compris dans sa conscription, et obtenu en conséquence par écrit la permission de le conduire à l'entrepôt de son quartier, afin d'être de-là transféré au cimétière commun de l'arrondissement, les parens et les invités, après avoir rendu à leurs proches, dans leurs maisons ou au temple, les devoirs usités selon le rit de la religion à laquelle ils seroient attachés, conformément à la liberté des cultes, décrétée par notre constitution, conduiroient de-là le convoi jusqu'à l'entrepôt, accompagné d'un préposé par les officiers municipaux ; après avoir présenté la permission au gardien qui

---

(1) On peut voir exposé chez le libraire un grand plan routier de Paris, où sont marqués particulièrement les emplacemens de ces entrepôts dans ses différens quartiers, ainsi que la route que les différens chars mortuaires auroient à parcourir.

C 2

l'enregistreroit particulièrement, et avoir fait déposer le mort, chacun se retireroit, et la porte du dépôt seroit incontinent refermée.

Ensuite, vers les deux ou trois heures du matin, le char de l'arrondissement, couvert d'un drap mortuaire, attelé de deux chevaux, en faisant sa tournée, viendroit au pas, enlever les corps de chaque entrepôt avec le préposé de la police qui seul en auroit la clef, et accompagné de porteurs ou de fossoyeurs avec chacun une lanterne, lesquels aideroient à sortir les corps du dépôt et à les placer dans le char. Cela fait, et la porte refermée avec soin, le préposé iroit avec le char faire la même extraction dans les autres dépôts de l'arrondissement. De retour au cimetière, il enregistreroit particulièrement le nombre des corps qu'il auroit trouvés dans chaque dépôt, afin que son registre pût être confronté au besoin avec ceux des municipalités et des entrepôts ; et il finiroit enfin par faire enterrer les défunts en sa présence, selon les conditions requises : ceux ensevelis dans des serpillières seroient inhumés dans des fosses communes qui ne contiendroient pas plus de soixante corps, ainsi qu'il a été dit plus haut ; et ceux qui auroient des bières le seroient dans des fosses particulières.

Au surplus, il ne faudroit aucunement gêner les héritiers par rapport aux dépenses qu'ils voudroient faire pour les obsèques de leurs parens, vu qu'il n'en résulteroit que du profit pour les pauvres, ainsi qu'on le verra ci-après. Les droits des inhumations ayant été fixés d'avance, les parens pourroient demander une fosse particulière et avoir la faculté, à l'aide du corbillard, de faire transférer le corps de

leur proche directement du dépôt ou de chez lui au cimetière, soit de jour, soit le soir.

Rien ne devroit aussi empêcher de transférer les corps
des personnes distinguées ou constituées en dignité, de leurs
maisons au cimetière, dans des voitures de deuil, marchant
au pas, accompagnés de leurs familles et amis, escortés de
leurs domestiques ainsi que d'un nombre de pauvres avec
des flambeaux, et suivis d'attributs relatifs aux places des
défunts, s'ils avoient été fonctionnaires publics.

A l'arrivée des convois au cimetière, les invités se ras-
sembleroient dans la salle du deuil, et si le défunt avoit
rempli des emplois éminens avec distinction, ou bien s'il
avoit rendu des services signalés à la patrie, on pourroit les
préconiser sur son cercueil (1); et de-là les invités iroient
en ordre assister à la descente du mort, soit dans une fosse
particulière, soit dans le caveau affecté à sa famille sous les
portiques.

En vain quelques-uns trouveront-ils à redire à ces dis-
tinctions funèbres, jamais on ne se familiarisera avec l'idée
que le corps d'un grand général d'armée, d'un Turenne,
d'un Voltaire, ou d'un personnage constitué en dignité

---

(1) Notre Institut national observe déjà cette espèce de cérémonial au décès
de chacun de ses membres, lesquels sont tous invités à l'enterrement avec un
crêpe autour du bras gauche. Dernièrement, à l'arrivée des corps des citoyens
Boulée et Borda à Montmartre, on prononça sur leur cercueil ou bière une
espèce d'éloge funèbre avant de les jeter dans un trou de carrière. Assurément
cela s'effectueroit avec plus de décence ou de dignité dans notre salle du deuil
de nos cimetières; on pourroit même y placer vers son extrémité une espèce de
chaire pour cet objet.

éminente, et même d'un millionnaire doive être conduit au cimetière et inhumé avec aussi peu de façon que celui d'un porte-faix : l'opinion publique, cette reine du monde, en cette circonstance comme en tant d'autres, sera sans cesse la règle des convenances. D'ailleurs, les honneurs du Panthéon décrétés par nos Législateurs en faveur de ceux qui se distingueroient par leurs grands services ou par un mérite extraordinaire, ne sauroient laisser aucune équivoque sur cette manière de penser.

Quelqu'idée, en effet, que l'on se forme de l'égalité, elle ne sauroit être absolue ; cela n'est vrai que dans deux circonstances de la vie, au moment de la naissance et de la mort. Tout nous dit que la raison, en nous réunissant en société, a voulu que nous devinssions réciproquement dépendans pour notre bonheur, qu'il y eût dans l'état social une hiérarchie de rangs ou de conditions entre les gouvernans et les gouvernés, que le grand nombre fût subordonné au petit nombre destiné à commander, et qu'en un mot, l'égalité pour tous ne fût que devant la loi, afin d'empêcher le fort et le riche d'opprimer, en aucun cas, le foible et le pauvre. Voudroit-on d'ailleurs captiver invariablement l'opinion à l'égard des cérémonies mortuaires ? il n'y auroit qu'à faire tourner le luxe des sépultures au profit des pauvres et des malheureux, à l'effet de leur en composer à l'avenir un patrimoine assuré ; alors quelle belle œuvre, et qui pourroit y trouver à redire ! ou bien qui oseroit élever la voix pour s'y opposer ! Tel est, au reste, le point de vue dicté par l'humanité et la raison, que je me suis proposé d'accomplir par mon projet.

A la place de toutes ces taxes volontaires que les héritiers, par vanité ou autrement, payoient ci-devant avec
tant de libéralités, et qui rapportoient de si gros produits
tant aux fabriques de paroisses qu'au clergé, sous les déno-
minations de droits pour la sonnerie, pour le luminaire,
pour les tentures des jurés-crieurs, pour les grands orne-
mens, pour l'ouverture d'une fosse dans l'église, pour les
salaires du grand ou du petit chœur, pour des enfans de la
pitié, pour la distribution et l'impression des billets d'enterremens, etc., etc. les parens en seroient quittes à beaucoup
meilleur compte que par le passé, si l'on établissoit une
espèce de tarif gradué d'après l'état, le rang et la profession
des défunts, lequel, quoique volontaire, fût évalué par
exemple, aux deux tiers de ce qu'ils auroient dépensé sous
l'ancien régime (1).

Il ne sauroit être douteux qu'après le prélevement des
frais de transport, de gagistes ou d'entretien des cimetières
et des entrepôts, ces taxes ne procurassent en outre des
sommes annuelles fort considérables, dont le montant
appliqué au soulagement de l'humanité souffrante, et à
l'entretien des hôpitaux ou des hospices, seroit annoncé
d'avance sous le titre d'actes de bienfaisance en faveur des
malheureux; combien ces secours sagement administrés,
et dont on publieroit annuellement un tableau des recettes

---

(1) On sait que le moindre enterrement bourgeois revenoit précédemment
à-peu-près à 150 liv., et suivant le nouveau procédé proposé, les frais de
transport déduits, avec une fosse particulière, ne reviendroient pas à 100 fr.
dont les deux tiers tourneroient au profit des hospices ou des pauvres.

et de l'emploi, ne donneroient-ils pas lieu à une multitude
de biens qui ne s'opéreroient jamais sans cela, et qui de
concert avec les grands bénéfices sur les concessions des
caveaux dont il a été question ci-devant, feroient bénir la
mémoire de ceux auxquels on en seroit redevable ?

Et comme on ne sauroit craindre d'être trop généreux
envers les indigens qui sont aujourd'hui si nombreux, à
l'effet d'augmenter encore leur apanage, et à-la-fois, de
faire tourner cette bonne œuvre au profit des vertus domestiques, ne seroit-ce pas le cas de faire revivre ( exclusi-
vement en faveur des hôpitaux) l'ancienne loi romaine,
*amplissima testandi libertas*, laquelle permettoit aux pères
de famille de deshériter leurs enfans ou ceux de leurs héritiers qu'ils jugeoient à propos ? Par-là on fortifieroit en
même temps l'autorité paternelle, on maintiendroit le respect ou la piété filiale que l'on remarque s'éteindre de jour
en jour. Les enfans deviendroient plus attachés à leurs devoirs, plus soumis à leurs parens, et craindroient davan-
tage de leur déplaire. Ce relâchement, n'en doutons point,
a contribué plus qu'on ne pense à la dépravation des mœurs,
laquelle a de tout temps passé pour l'avant-coureur de la
chûte des états les plus florissans.

Au reste tous ces biens, quelque grands qu'ils parois-
sent dans la spéculation, n'obtiendroient leur plein effet
qu'autant que l'on inspireroit d'avance au public une juste
confiance par rapport à leur emploi, et qu'ils ne pourroient être détournés de leur destination sous aucun pré-
texte, et qu'enfin cet apanage des pauvres seroit désormais
regardé comme sacré et mis sous la sauve-garde de la loyauté
française,

française, sanctionnée par des ordonnances constitution-
nelles. Rien ne nous feroit sûrement plus d'honneur aux
regards de toutes les nations, que cette sage résolution ;
chacun s'empresseroit de la favoriser : combien ne rendroit-
elle pas respectable notre dernière heure, puisqu'elle sem-
bleroit consacrée par une œuvre de charité !

## RÉSUMÉ.

Si l'on s'est rendu attentif à la manière dont j'ai envisagé
dans tous ses rapports l'inhumation hors de cette capitale,
et les grands avantages qui en résulteroient, on doit s'être
convaincu que la simplicité de son exécution et des moyens
pour y parvenir, en garantiroit d'avance le succès. Indépendamment de la salubrité de l'air qui en seroit le principal
objet, de l'ordre que l'on seroit par-là à portée de mettre
dans la police pour les inhumations, et de ce que la sépulture parviendroit à acquérir ainsi toute la décence et la
dignité convenables, elle deviendroit par l'administration
de ses cérémonies, une source perpétuelle de biens pour
les malheureux.

Les nouveaux cimetières, par leur étendue, seroient
relatifs à la population de Paris et placés hors de son enceinte, dans des lieux peu dispendieux pour leur acquisition, et où ils ne nuiroient aucunement à leurs envi-
rons.

Les entrepôts, par leur position dans les divers arrondissemens, s'y trouveroient distribués de façon à faciliter
non seulement les convois de leurs quartiers, mais encore

*Cimetières.*                                    D

la tournée des chars ; et l'on accéléreroit leur établisse-
ment en se bornant pour le présent à des entrepôts provisoires, aux dépens de quelques chapelles devenues inutiles aux paroisses, et dont on intercepteroit toute communication avec leur intérieur.

A l'égard des dépenses relatives à l'exécution de nos
cimetières, il ne sauroit subsister de doute qu'on en seroit
amplement rempli, et même beaucoup au-delà, par les
bénéfices considérables que l'on feroit d'abord sur les concessions des caveaux pour des sépultures particulières, et
ensuite par les produits des enterremens journaliers et des
cérémonies funèbres. Quelle belle perspective qu'une entreprise qui offre l'espoir, non seulement d'avoir à répartir
au moins un million entre les familles parisiennes qui ont
été accablées par les malheurs de la révolution, mais encore
de fonder un revenu annuel et volontaire, au moins de
cent mille écus, en faveur des hôpitaux, et qui par sur-
croît seroit susceptible de devenir en même temps un ache-
minement au rétablissement des mœurs !

Par toutes ces considérations, n'est-il pas à présumer
que s'il plaisoit au Gouvernement que l'on sait avoir aujour-
d'hui tant à cœur le bonheur de la nation, de prendre sous
sa protection (1) ce projet de translation des sépultures hors
de Paris, il en résulteroit beaucoup d'avantages pour ses
habitans, et cela sans cependant qu'il eût besoin de faire

---

(1) Cette protection seroit évidemment nécessaire, tant pour obtenir la
cession des chapelles et autres lieux jugés propres à établir des entrepôts dans
les différens quartiers de Paris, que pour faciliter les acquisitions de terreins
où il conviendroit de placer les différens cimetières hors de ses barrières.

aucunes avances? Peut-être même se trouveroit-il alors quelques citoyens riches qui par zèle patriotique, et pour se
faire honneur, se complairoient à concourir de leurs moyens
à une si noble entreprise (1); et puis, dès qu'il y auroit toute
sûreté pour son accomplissement, peut-on douter qu'il ne
se rencontrât des compagnies de gens aisés qui s'offriroient
d'en faire les avances, dans la persuasion que leurs fonds
ne sauroient être placés plus sûrement qu'en ce cas. On
dit que le bien public ne s'opère pas avec autant de facilité
qu'il se conçoit; mais ici ce seroit le contraire, il ne faudroit en quelque sorte que vouloir pour l'effectuer, et une
circonstance si rare ne doit pas être à négliger, surtout en
faveur des malheureux.

---

(1) Il y a un particulier nommé *Annone*, dont la mémoire est depuis long-
temps en vénération à Milan, pour avoir fait exécuter à ses dépens, aux portes
de cette ville, un vaste cimetière environné de colonades en marbre, avec
des caveaux au-dessous, dont il fit don aux principales familles de cette capitale.

P A T T E, *ancien Architecte de Paris,*
*domicilié à Mantes.*

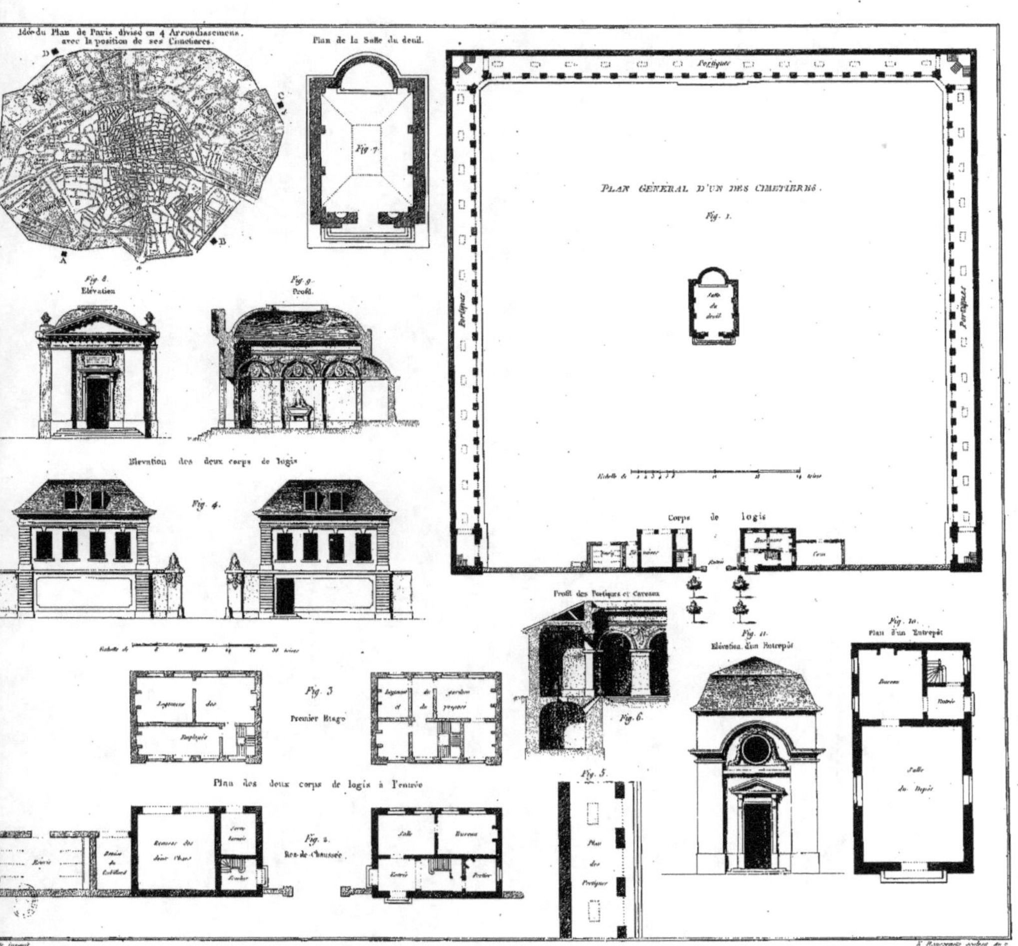

Idée du Plan de Paris divisé en 4 Arrondissemens, avec la position de ses Cimetières.
Plan de la Salle du deuil.
Fig. 7.
PLAN GÉNÉRAL D'UN DES CIMETIÈRES.
Fig. 1.
Portique
Salle de deuil
Echelle de
Corps de logis
Entrée
Cave
Fig. 8.
Elévation
Fig. 9.
Profil
Elévation des deux corps de logis
Fig. 4.
Echelle de
Fig. 3.
Premier Etage
Logement des Employés
Logement du gardien et du vaguemestre
Plan des deux corps de logis à l'entrée
Fig. 2.
Rez-de-Chaussée
Remise du Corbillard
Remise des deux Chars
Ecurie
Salle
Bureau
Entrée
Portier
Profil des Portiques et Caveaux
Fig. 6.
Fig. 5.
Plan des Portiques
Fig. 11.
Elévation d'un Entrepôt
Fig. 10.
Plan d'un Entrepôt
Bureau
Vestibule
Salle du Dépôt